Monika Sadowska

BPMN 2.0 für Einsteiger - Methoden zu Prozessdesign und Prozessdarstellung

GRIN Verlag

Bibliografische Information der Deutschen Nationalbibliothek:

Die Deutsche Bibliothek verzeichnet diese Publikation in der Deutschen National-
bibliografie; detaillierte bibliografische Daten sind im Internet über http://dnb.d-
nb.de/ abrufbar.

Impressum:

Copyright © 2011 GRIN Verlag GmbH
Druck und Bindung: Books on Demand GmbH, Norderstedt Germany
ISBN: 978-3-656-02380-7

Dieses Buch bei GRIN:

http://www.grin.com/de/e-book/179739/bpmn-2-0-fuer-einsteiger-methoden-zu-
prozessdesign-und-prozessdarstellung

GRIN - Your knowledge has value

Der GRIN Verlag publiziert seit 1998 wissenschaftliche Arbeiten von Studenten, Hochschullehrern und anderen Akademikern als eBook und gedrucktes Buch. Die Verlagswebsite www.grin.com ist die ideale Plattform zur Veröffentlichung von Hausarbeiten, Abschlussarbeiten, wissenschaftlichen Aufsätzen, Dissertationen und Fachbüchern.

BPMN 2.0 für Einsteiger

Methoden zu Prozessdesign und Prozessdarstellung

31.01.2011

Monika Sadowska

Inhaltsverzeichnis

Abbildungsverzeichnis

Tabellenverzeichnis

Abkürzungsverzeichnis

BPD	Business Process Diagramm
BPEL	Business Process Execution Language
BPMN	Business Process Modeling Notation
bzw.	beziehungsweise
EPK	ereignisgesteuerte Prozesskette
QM	Qualitätsmanagement
z. B.	zum Beispiel

1. Einleitung

Prozessmodelle haben vielfältigen Nutzen, vor allem dienen sie der Kommunikation, Analyse und Dokumentation. Im Speziellen ermöglichen Sie eine einfache und leicht verständliche Darstellung der Prozessabläufe und erlauben es Zusammenhänge zu verstehen. Sie sind Bestandteil der Dokumentation im QM-Handbuch und stellen eine verbindliche Verfahrensanweisung für die Mitarbeiter dar. Eine Prozessablaufbeschreibung kann als eine Art Checkliste für die Ausführung einer Tätigkeit dienen. Sie bieten darüber hinaus eine Diskussionsgrundlage für die Schwachstellenanalyse in Workshops zur Prozessverbesserung und für jegliche Initiativen der Prozessoptimierung. [1 S. 16]

An der kontinuierlichen Prozessverbesserung sind alle Mitarbeiter eines Unternehmens beteiligt und deswegen müssen auch alle Prozessmodelle verstehen können. [1 S. 13] Die Business Process Modeling Notation (BPMN), deren Erfolgsfaktor die Vielfalt an Symbolen und grafischen Elementen ist, ist ein international verbreiteter und immer häufiger angewandter Standard, der auf dem Weg ist EPK (ereignisgesteuerte Prozessketten) als Modellierungsstandard abzulösen. Es dient nicht nur als Notation zur Beschreibung von Geschäftsprozessen, sondern auch zur Umsetzung der Modelle in direkt ausführbare und plattformunabhängige Programmiersprachen, wie z.B. BPEL (Business Process Execution Language). [1 S. 21]

Ziel dieser Arbeit ist es daher, eine kurze Einführung über die Modellierung von Prozessen mit der Business Process Modeling Notation (BPMN) zu geben. Es werden die am häufigsten verwendeten Modellelemente vorgestellt und mit Hinweisen zu dessen Nutzung versehen.

2. Elemente der BPMN 2.0

Innerhalb der BPM Notation gibt es vier Element-Typen: Akteure (Rollen), Prozesse, Verbindungen zwischen den Prozessschritten und einzelnen Prozessen und Artefakte (Datenobjekte, Geschäftsobjekte, Informationsobjekte). [2 S. 5]

Nachfolgend werden die für die Modellierung verwendeten Begriffe vorgestellt.

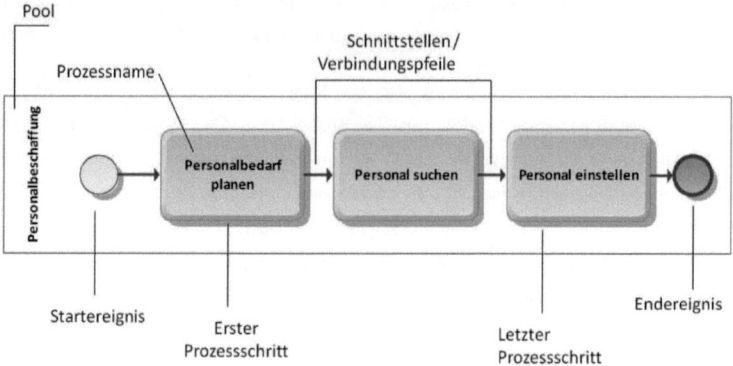

Abbildung 1: Allgemeine Prozessbegriffe frei nach [1 S. 18]

Jeder Prozess beginnt mit einem Startereignis und endet mit einem Endereignis. Dazwischen gibt es Tätigkeiten, Unterprozesse, Zwischenereignisse und Verzweigungen, die durch Pfeile verbunden sind und um Nachrichten, Dokumente und Kommentare ergänzt werden. Der Prozess wird in einem Pool mit Swimlanes platziert.

2.1. Pools und Swimlanes

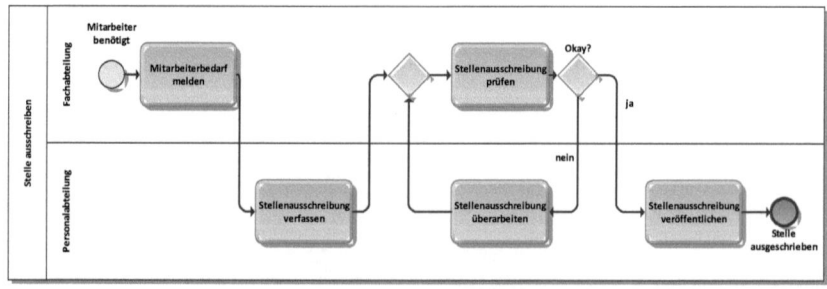

Abbildung 2: Beispiel eines Pools mit Abteilungen als Swimlanes frei nach [3 S. 16]

4

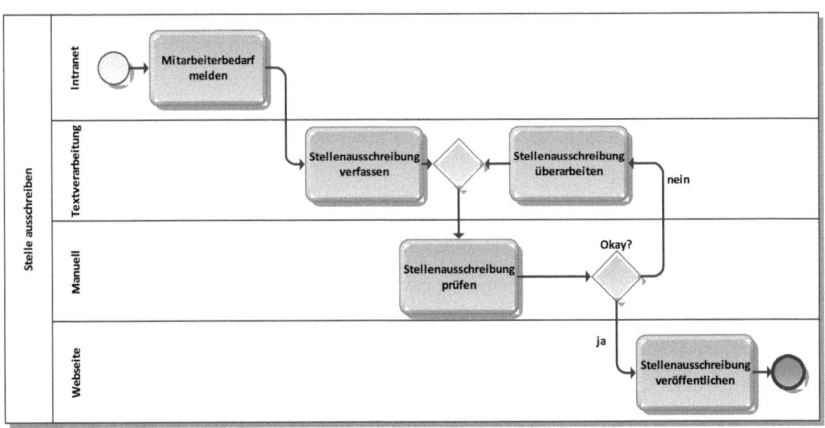

Abbildung 3: Beispiel. Eines Pools mit Informationssystemen als Swimlanes frei nach [3 S. 23]

Die visuelle Darstellung der am Prozess Beteiligten erfolgt mittels Pools und Bahnen (Swimlanes). Damit können Rollen, Verantwortlichkeiten und Organisationsstrukturen, aber auch Informationssysteme u.a. übersichtlich abgebildet werden. Pools, sind v.a. Organisationseinheiten oder abstrakte Einheiten, wie Einkauf, Vertrieb, Callcenter, Kunde, Lieferant, können aber auch den Namen des Prozesses tragen. Swimlanes sind Zeilen in einem Pool, in denen Prozessschritte entsprechend der jeweiligen Rolle (Person, Abteilung, IT-System, …) zugeordnet werden. Diese Bahnen können weiter hierarchisch unterteilt werden. [1 S. 34] Wie oben im Bild 2 und 3 gezeigt, kann ein und derselbe Prozess (Stelle ausschreiben) durch die Auswahl von Rollen verschieden abgebildet werden.

Ein Pool kann auch für mehrere Teilnehmer stehen, wenn davon ausgegangen werden kann, dass der Prozess bei allen gleich abläuft. Mehrfachteilnehmer wird durch einen Pool mit drei geraden parallelen Strichen in der Mitte dessen gekennzeichnet (im Bild unten Rot umrandet).

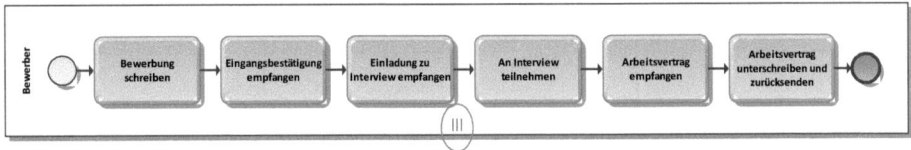

Abbildung 4: Mehrfachteilnehmer frei nach [3 S. 52]

Die Bahnen können auch in Form einer Matrix dargestellt werden. Dabei kann z.B. die Zentrale und eine Niederlassung in der horizontalen und vertikal die Abteilungen, wie Einkauf oder Verkauf abgebildet werden. Damit kann der Prozess durchgängig und integriert quer durch das Unternehmen abgebildet werden. Leider ist diese Darstellungsform noch sehr unbekannt und in vielen BPMN Modellierungstools noch nicht möglich. [3 S. 22]

2.2.   Start, Zwischen- und Endereignisse

2.2.1. Startereignis (Auslöser)

Der Auslöser ist ein Ereignis, das den Geschäftsprozess anstößt, wie z. B. Kundenanfrage oder Bearbeitungsobjekt eines Vorgängerprozesses. In diesem Zusammenhang wird auch von einem Input gesprochen. [1 S. 18 f.]

Es gibt verschiedene Auslöser für ein Startereignis, diese werden in der Tabelle nachfolgend vorgestellt.

Symbol	Bezeichnung	Bedeutung
leeres Kreissymbol	Unbestimmter Auslöser	Startereignis ohne Ereignistyp, kann immer in der Modellierung verwendet werden
Kreissymbol mit Uhr	Zeitpunkt/Zeitdauer	Ein Prozess wird zu einem bestimmten Zeitpunkt, in regelmäßigen Abständen oder nach Ablauf einer bestimmten Zeitspanne ausgelöst. Beispiel: Weckerklingen, Anmeldeschluss.
Kreissymbol mit Briefumschlag	Nachricht	Ein Prozess wird durch eine mündliche, schriftliche oder elektronische Nachricht, vor allem ein eingehendes Dokument, ausgelöst. Beispiel: Email, Brief, Telefonat.
Kreissymbol mit einem Fünfeck	Mehrere Ereignisse	Der Prozess fängt an, wenn eines von mehreren Ereignissen eintritt. Die verschiedenen Ereignisse können im Kommentar hinterlegt werden. Beispiel: *Reinigungsintervall erreicht* <u>oder</u> *Verschmutzung festgestellt.*
Kreissymbol mit einem Rechteck mit Linien darin	Bedingungen	Eine oder mehrere Bedingungen müssen für den Start des Prozesses erfüllt werden. Beispiel: Das Ereignis *Meldebestand erreicht* löst den Beschaffungsprozess aus.
Kreissymbol mit einem Blitz	Fehler	Mit einem Fehler können Prozesse anfangen, die Ausnahmesituationen beschreiben. So kann z. B. der Ausfall eines Systems bestimmte Prozess-Schritte, sowie begleitende Tätigkeiten, wie handschriftliche Abwicklung

		der Aufträge, erforderlich machen.
Kreissymbol mit einem Dreieck	Signal	Ein Signal kann ein veränderter von den Prozessteilnehmern nicht beeinflussbarer Umstand sein, wie z. B. eine Gesetzesänderung, neue Sicherheitsvorschriften etc.
Kreissymbol mit Pfeil	Verbindung	Die Verbindung ist nur bedingt ein Starsymbol. Sie stellt ein Zwischenstück dar, wenn die Darstellung des Prozesses aus Gründen der Lesbarkeit auf mehreren einzelnen Seiten gemacht wird. Auf der einen Seite wird der Prozess mit dem Verbindungs-Endereignis beendet und auf der nächsten Seite beginnt die Fortsetzung des Prozesses mit dem Verbindungs-Startereignis. Eine bessere Alternative, um die Lesbarkeit zu sichern, ist die Verwendung von Teilprozssen, wobei eine Ebenenstruktur (Hierarchie) des Prozesses entsteht.
Kreissymbol mit einem Pluszeichen	Parallelereignis	Der Prozess wird gestartet, wenn alle zuvor definierten Ereignisse eingetreten sind. Z. B. Es kommt eine mündliche und schriftliche Zusage.
Kreissymbol mit doppelter Pfeilspitze in Richtung links	Kompensation	Behandeln oder Auslösen einer Kompensation. Wird in der Praxis eher selten verwendet.
Kreissymbol mit einer Pfeilspitze nach oben	Eskalation	Die Eskalation bedeutet, dass eine Meldung an den nächsthöheren Verantwortlichen im Prozess geht.

Tabelle 1: Ereignisse der BPMN [1 S. 58 ff.] [4] [3]

2.2.2 Zwischenereignis

Zwischenereignisse zeigen Unterbrechungen, Verzögerungen oder Bedingungen, die für die weitere Ausführung des Prozesses notwendig sind, an. Um dieses abzubilden wird ein Kreis mit doppelter Umrandung verwendet. In der BPMN gibt es verschiedene Zwischenereignisse, die nachfolgend in der Tabelle zusammengestellt sind.

Symbol	Bezeichnung	Bedeutung
Leerer Kreis mit einer doppelten Umrandung	Unbestimmter Auslöser	Unbestimmte Zwischenereignisse zeigen das Eintreten von Zuständen an, z. B. *Dokument fertig gestellt.*
Kreis mit einer doppelten Umrandung und einer Uhr darin	Zeitpunkt/Zeitdauer	Der Prozessverlauf wird um eine bestimmte Zeit verzögert. Es können z. B. Fristen gesetzt oder Ruhezeiten im Produktionsprozess im Modell vermerkt werden.
Kreissymbol mit doppelter Umrandung und einem Briefumschlag darin	Nachricht	Dieses Zwischenereignis impliziert, dass eine Nachricht während des Prozessverlaufs eintreffen muss, bevor dieser weiter ausgeführt werden kann. Das transparente Kuvert steht für eingehende Nachrichten (Daten- oder Informationsobjekte) und das schwarze für ausgehende Nachrichten.
Kreissymbol mit doppelter Umrandung und einem Fünfeck darin	Mehrfachereignisse	Beim empfangenden Mehrfachereignis (transparentes Fünfeck) wird der Prozess unterbrochen, bis eines von mehreren zuvor definierten Ereignissen eintrifft. Beispiel dafür ist die Fertigstellung eines Berichtes, der in Form einer Präsentation gehalten wird, mündlich kommuniziert und per Email versendet wird. Beim sendenden (schwarzes Fünfeck) bleibt der Prozess so lange stehen bis alle Konsequenzen, aus der vorhergegangenen Tätigkeit, eingetroffen sind.
Kreissymbol mit doppelter Umrandung und einem Rechteck mit Linien darin	Bedingungen	Die Unterbrechung des Prozesses dauert so lange an, bis die Bedingung erfüllt ist. Die Bedingung kann z.B. die Erreichung eines Meldebestands sein.
Kreissymbol mit doppelter Umrandung und einem Blitz darin	Fehler	Das Zwischenereignis *Fehler* löst einen Unterprozess aus, wenn ein Fehler im normalen Prozessfluss erzeugt wird. Dabei wird eine standardisierte Fehlerroutine, die Prozessschritte beinhaltet, die beim Eintritt eines Fehlers ausgeführt werden sollen, ausgelöst.

Kreissymbol mit doppelter Umrandung und einem Dreieck darin	Signal	Es gibt sowohl Signal-sendende (volles Dreieck) als auch Signal-empfangende Zwischenereignisse. Ein Signal kann z. B. eine Störung von außen oder ein geänderter Umstand sein, das von den am Prozess Beteiligten nicht beeinflussbar ist und das eine Verzögerung/Unterbrechung des Prozesses hervorruft. Ein Beispiel für das Signal-sendende Zwischenereignis ist ein neues Produkt, das im anderen Prozess inventarisiert werden muss.
Kreissymbol mit doppelter Umrandung und einem Pfeil darin	Verbindung	Mit der Verbindung kann ein Sprung zu einer anderen Stelle im Prozess gekennzeichnet werden. Diese wird verwendet, wenn ansonsten eine lange Sequenzflussverbindung um zahlreiche andere Modellelemente herum gezogen werden müsste. Eine bessere Variante ist es mit Unter- bzw. Teilprozessen zu arbeiten.
Kreissymbol mit doppelter Umrandung und doppelter Pfeilspitze in Richtung links	Kompensation	Behandeln oder Auslösen einer Kompensation
Kreissymbol mit doppelter Umrandung und einem umrandeten Pluszeichen	Mehrfach/Parallel	Genau wie beim parallelen Startereignis müssen auch hier alle zuvor definierten Ereignisse (z. B. mehrere unterschiedliche Nachrichten) eingetroffen sein, bevor der Prozess weiter verlaufen kann.
Kreissymbol mit doppelter Umrandung und einer Pfeilspitze nach oben	Eskalation	Es wird Meldung an den nächsthöheren Verantwortlichen erstattet.

Tabelle 2: Zwischenereignisse in der BPMN [1 S. 64 f.] [4] [3]

Im unteren Bild wird beispielhaft die Verwendung von Zwischenereignissen gezeigt. Zwischenereignisse können sowohl nach einer Aktion/Tätigkeit, einem Gateway oder einem anderen Zwischenereignis vorkommen. [3 S. 64]

9

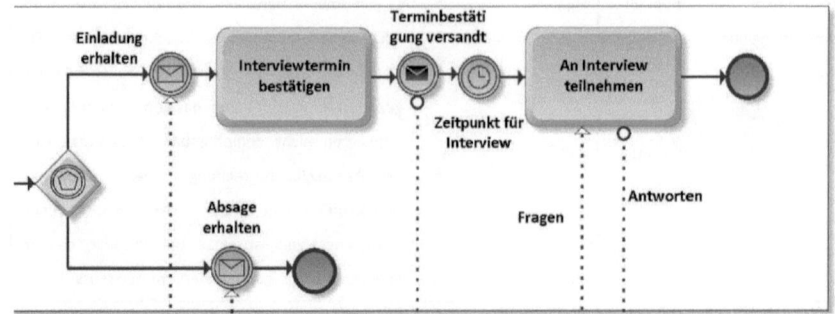

Abbildung 5: Beispiel der Verwendung von Zwischenereignissen frei nach [3 S. 65]

So kann, wie im Beispiel gezeigt der Interviewtermin erst bestätigt werden, nachdem der Bewerber die Einladung erhalten hat.

2.2.3 Endereignis (Ergebnis, Resultat, Output)

Es ist das Resultat des Prozesses und kann ein Endergebnis, ein Bearbeitungsobjekt oder ein Halbfertigerzeugnis sein, das als Auslöser an den Nachfolgeprozess zur Weiterverarbeitung gegeben wird. Das Ergebnis liefert immer einen Beitrag für den Kunden am Ende der Prozesskette. [1 S. 18 f.]

In BPMN können Endereignisse auf unterschiedliche Weise definiert werden:

Symbol	Bezeichnung	Bedeutung
leeres Kreissymbol ⬤	Undefiniertes Prozessende	Der Prozess endet nach der Abarbeitung der Schritte. Das undefinierte Prozessende kann immer in der Modellierung verwendet werden und durch Kommentare ergänzt werden.
Kreissymbol mit Briefumschlag ⬤	Nachricht	Der Prozess endet mit einer Nachricht, einem Dokument oder (v.a.) schriftlichen Ergebnissen jeglicher Art.
Kreissymbol mit Fünfeck ⬤	Mehrfachereignisse	Der Prozess endet mit mehreren Ergebnissen, die unterschiedlicher Art sein können und je nach Prozess näher spezifiziert werden.
Kreissymbol mit Blitz ⬤	Fehler	Ein Fehler beendet den Prozess. Dadurch kann ein neuer Prozess ausgelöst werden, der die Lösung des Fehlers oder dessen Umgehung als Ergebnis haben soll.

Kreissymbol mit einem Dreieck	Signal	Ein Signal ist nicht prozessspezifisch, wird von außen ausgelöst und kann von den Prozessbeteiligten nicht beeinflusst werden. Signale haben keine spezifischen Empfänger. Es ist nicht deutlich, wer und in welchem Prozess die Information benötigt. Ein Signal als Endergebnis kann z. B. eine neue Softwareversion sein, die durch verschiedene Abteilungen installiert werden muss.
Kreissymbol mit einem vollen Kreis darin	Abruptes Ende	Abruptes Ende eines Prozesses wird durch einen großen Fehler oder einen Systemabsturz hervorgerufen. Es kann sich aber auch um ein unerwartetes Ereignis handeln, das den Prozess beendet.
Kreissymbol mit einem Pfeil	Verbindung	Das Verbindungs-Endsymbol kennzeichnet den Sprung zu einem Prozessanfang (Verbindungs-Startereignis).
Kreissymbol mit doppelter Pfeilspitze in Richtung links	Kompensation	Behandeln oder Auslösen einer Kompensation. Wird in der Praxis eher selten verwendet.
Kreissymbol mit Pfeilspitze nach oben	Eskalation	Der Prozess endet mit einer Meldung an den nächsthöheren Verantwortlichen.

Tabelle 3: Endereignisse im Überblick [1 S. 62 ff.] [4] [4]

Das Startereignis ist in der BPMN typischerweise grün, Zwischenereignis orange und Endereignis rot. Die Farben können jedoch variieren und angepasst werden. Start-, Zwischen- und Endereignisse sind zwar alle durch ein Kreis gekennzeichnet, jedoch ist auch ohne Verwendung von Farben eine eindeutige Identifikation möglich, da das Zwischenereignis eine doppelte Umrandung hat und das Endereignis eine im Vergleich zu den beiden anderen dickere Strichstärke der Umrandung. Entscheidend bei der Notation ist die Einhaltung der für die einzelnen Elemente vorgesehenen Formen und nicht dessen Farbe.

2.3 Prozessschritte

Prozessschritte sind einzelne Vorgänge bzw. Aufgaben, die in einer zeitlich-logischen Abfolge mit Richtungspfeilen verbunden sind. [1 S. 30]

2.3.1 Erster und letzter Prozessschritt

Der erste Prozessschritt wird vom Startereignis ausgelöst. Dieser muss deutlich vom letzten Prozessschritt des Vorgängerprozesses abgegrenzt sein. Es muss ein eindeutiger Name, der in der gesamten Prozesslandkarte nur einmal existiert, festgelegt werden. Prozesse auf der Metaebene werden mit einem Überbegriff versehen, wie z. B. Vertrieb, Marketing, Personalmanagement. Prozesse auf Detailebene (Meso- und Mikroebene) werden mit einem Substantiv und einem Verb (in dieser Reihenfolge) beschrieben, z. B. Personalbedarf planen, Personal suchen, Personal einstellen.

Der letzte Prozessschritt ist das Ergebnis aus der Prozessbearbeitung. [1 S. 18 f.] Es kann ein Dokument, Produkt, Halbfertigerzeugnis, Information, Nachricht, etc. sein.

2.3.2 Teilprozess (Unterprozess)

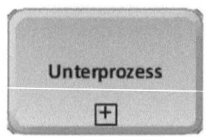

Ein Teilprozess wird mit einem „+" gekennzeichnet. Dahinter werden Prozessschritte auf Detailebene beschrieben. Ein Prozess kann aus beliebig vielen Unterprozessen bestehen, wobei die unterste Ebene nur einzelne Prozessschritte beinhaltet.

Vor allem bei komplexen Prozessstrukturen ist eine Gliederung in Teilprozesse sinnvoll. Die Prozessebenen ergeben sich aus der Tiefe der Unterprozessstruktur. [1 S. 38] Für das Management sind eher die oberen Ebenen interessant, wohingegen für die einzelnen am Prozess beteiligten Mitarbeiter die Detailebene als Arbeitsanweisung gesehen werden kann.

2.3.3 Aktivität als Schleife

In der BPMN gibt es für die Darstellung wiederholt auszuführender Aktivitäten ein eigenes Symbol. Dabei handelt es sich um eine Mehrfachaktivität, die mit einem kreisförmigen Pfeil gekennzeichnet wird.

Auch Unterprozesse können als Schleife gekennzeichnet werden, die dann wiederholt in ihrem Sequenzfluss abgearbeitet werden. Um eine endlose Wiederholung der Schleife bzw. Mehrfachaktivität zu verhindern, werden als Kommentar Bedienungen formuliert, z.B. Die Prozessschritte werden so lange durchgelaufen, bis die Bedingung erfüllt ist oder bis die Bedingung wahr ist. Eine weitere Möglichkeit ist es die Anzahl der

Schleifendurchläufe von Anfang an festzulegen. Genauso kann festgelegt werden, ob die Bedienung vor oder nach dem Schleifendurchlauf erfüllt sein soll. [1 S. 54]

2.4 Gateways (Verzweigungen)

Um alternative Verarbeitungswege abzubilden werden Verzweigungen verwendet. Durch ein Gateway können die Verarbeitungswege nicht nur gesplittet, sondern auch die verschiedenen Prozessvarianten wieder zusammengeführt werden, wenn nach einer Prozessvariante noch weitere Schritte folgen, die für alle Prozessvarianten gleich sind. Die Bedienungen können durch Kommentare formuliert werden. Die einfachste Bedienungsfrage ist eine auf die mit „ja" oder „nein" geantwortet werden kann. [1 S. 42]

Durch Gateways kann auch eine Schleife in der Verarbeitung gekennzeichnet werden. Manche Prozessschritte können oder sollen mehrmals ausgeführt werden. Am Ende der Prozessfolge wird durch eine Verzweigung abgefragt, ob eine nochmalige Ausführung der Verarbeitungsschritte notwendig ist. Typischerweise handelt sich dabei um Autorisierungsvorgänge, die meistens elektronisch abgewickelt werden. Die Schleife wird so lange ausgeführt, bis die Bedingungsprüfung an der Verzweigung eine andere Antwort liefert. [1 S. 50 ff.]

Symbol	Bezeichnung	Bedeutung
Leere Raute oder Raute mit einem X 	Exklusives Gateway	Diese Verzweigung dient der Modellierung alternativer Pfade. Das Gateway teilt die Prozessfolge nach Prüfung einer Bedingung. Danach wird nur eine Prozessfolge weiter verfolgt
Raute mit Pluszeichen 	Paralleles Gateway	Nach einer Verzweigung können Schritte parallel ausgeführt werden. Dies ist v.a. der Fall, wenn sich mehrere Personen eine Aufgabe teilen, oder der Prozess automatisiert abläuft. Es gibt dabei keine strikte zeitliche Reihenfolge beim Start der Parallelisierung – Schritte können gleichzeitig oder zu unterschiedlichen Zeitpunkten beginnen und dann verzögert stattfinden aber gleichzeitig enden usw. Die parallel verlaufenden Prozessschritte werden wiederum durch ein Gateway zusammengeführt. Wenn Teilergebnisse alleine weiterverarbeitet werden, kann auch teilweise auf eine Zusammenführung verzichtet werden und die einzelnen Pfeile laufen in den Arbeitsschritt direkt weiter. [1 S. 48]
Raute mit einem Kreis	Inklusives Gateway	Hier werden ein oder mehrere Pfade ausgewählt oder zusammengeführt. Bei der Zusammenführung wird auf alle ankommenden Pfade gewartet, bevor der Prozess

		weiter geht.
Raute mit Stern	Komplexes Gateway	Das komplexe Gateway beinhaltet Verfahrensregeln, die von den anderen Verzweigungen nicht erfasst werden. Zum Beispiel, dass zwei von drei Pfaden erfüllt sein müssen, bevor der Prozess weiter geht. Wird in der Praxis eher selten verwendet.
Raute mit Pluszeichen im Kreis	Paralleles Ereignis-basiertes Gateway (Instanziierung)	Erst, wenn alle nachfolgenden Ereignisse eintreten, wird der Prozess gestartet.
Raute mit Fünfeck im Kreis	Exklusives Ereignis-basiertes Gateway (Instanziierung)	Sobald eines der nachfolgenden Ereignisse eintritt, wird der Prozess gestartet.
Raute mit Fünfeck im doppelt umrandeten Kreis	Ereignis-basiertes Gateway	Danach folgen eintretende Ereignisse oder Empfänger-Aufgaben. Der Sequenzfluss wird zum Ereignis geleitet, das zuerst eintrifft.

Tabelle 4: Gateways (Verzweigungen) [4] [3 S. 25 ff.]

Bei den Verzweigungen werden keine Tätigkeiten durchgeführt, es vergeht auch keine Zeit im Prozess. Wenn eine Aktivität, die eine Entscheidung trifft, modelliert werden soll, wird zuerst die Aktivität modelliert mit nachfolgendem exklusiven Gateway. [3 S. 25 ff.]

In der BPMN können Gateways (Verzweigungen) auch teilweise weggelassen werden, wenn zuvor eine Aktivität vorliegt und es sich nicht um eine Zusammenführung nicht-exklusiver Pfade handelt. Die Verwendung von Gateways sichert das Verständnis der Modellierung, kann aber u.U. komplexe Modelle unübersichtlich machen. Gerade parallel Verzweigungen eignen sich dazu weggelassen zu werden. [3 S. 38 ff.]

2.5 Verbindungspfeile und Schnittstellen

Der zeitlich-logische Prozessfluss wird durch einen Verbindungspfeil mit einer durchgängigen Linie dargestellt, der auch die Richtung des Verarbeitungsweges zeigt. [1 S. 31] Der Nachrichtenfluss zwischen Pools wird mit einer gestrichelten Linie abgebildet.

Schnittstellen (S. Abb. 1) sind Übergabestellen, die auf den Vorgängerprozess bzw. -prozessschritt und einen Nachfolgeprozess bzw. -prozessschritt verweisen. Schnittstellen werden durch Verbindungspfeile implizit abgebildet. Dies sind in der Praxis die kritischen Punkte, da hier Verantwortlichkeiten wechseln, Dokumente nicht weiter bearbeitet werden. In BPMN können zusätzlich Kommunikationsschnittstellen zwischen Geschäftspartnern, abgebildet werden.

Die Besonderheit der BPMN gegenüber anderen Modellierungsnotationen ist die Möglichkeit Kollaborationen, also das aufeinander abgestimmte Zusammenspiel von zwei oder mehreren Prozessen, die mittels Nachrichtenaustausch miteinander kommunizieren, abzubilden. **Kollaborationsdiagramme** sind vor allem nützlich, um eine Zusammenarbeit zwischen zwei Unternehmen, z. B. Lieferanten-Kunden-Beziehungen oder bei mehreren an einem gemeinsamen Projekt beteiligten Unternehmen. Um die Kollaboration darzustellen werden die einzelnen Unternehmen als Pools, in denen Prozesse abgebildet werden, dargestellt und die miteinander durch Nachrichtenflüsse verknüpft sind. [3 S. 49]

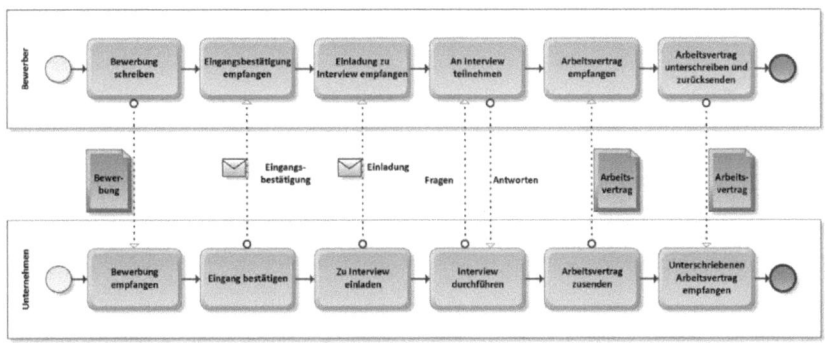

Abbildung 6: Kollaborationsdiagramm Beispiel frei nach [3 S. 50]

In jedem Pool wird ein kompletter Prozess mit Start- und Endereignis, Aktivitäten und Sequenzfluss abgebildet, die voneinander zwar unabhängig modelliert werden können, es aber nicht sind, da zwischen ihnen Informationen und Datenobjekte, wie z.B. Bewerbung oder Einladung ausgetauscht werden. Der Prozess ist abhängig von den Nachrichten (durch einen Briefumschlag abgebildet) bzw. Daten und Informationen der anderen Seite und wird angehalten bis diese ankommt. Wenn der Prozess der anderen Seite nicht bekannt ist oder dessen Modellierung für das Verständnis und die Nutzung des Modells nicht notwendig ist, kann es als eine Art „black-box", in Form eines geschlossenen Pools abgebildet werden. Der Nachrichtenfluss wird durch einen gestrichelten Pfeil abgebildet und kann auf diese Weise nicht zwischen zwei Aktivitäten im denselben

Pool modelliert werden, sondern nur zwischen zwei verschiedenen Pools. In einem Pool werden durchgezogene Pfeile (Sequenzflüsse) verwendet. [3 S. 50]

Es ist auch möglich, z. B. den Lieferanten stärker in den eigenen Prozess zu integrieren und ihn als Lane im Pool z.B. „Materialbeschaffung" zu modellieren. Damit könnte ein durchgängiger Prozess zwischen den Lieferanten und dem Kunden modelliert werden, der alle Nachrichten und Informationsflüsse beinhaltet. Gerade bei Just-in-time Lieferverträgen ist es sinnvoll den Lieferanten vollständig in die eigenen Prozesse einzubeziehen, da hier fließende Übergänge und störungsfreie Kommunikation für den Erfolg unabdingbar sind.

2.6 Dokument (Geschäfts-, Daten-, Informationsobjekt)

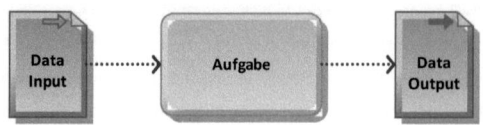

Abbildung 7: Datenobjekt in der BPMN

Der Weg des Dokuments wird mit einem gestrichelten Richtungspfeil angezeigt. [1 S. 40] Ein transparenter Pfeil im oberen Teil des Dokument-Elements bedeutet es ist ein Dateninput, ein voller Pfeil heißt es gehen Informationen, Dokumente etc. raus, d.h. werden produziert oder verarbeitet.

Mit diesem Element werden die verwendeten Medien abgebildet. Damit können bei einer Analyse Medienbrüche sofort identifiziert werden.

2.7 Kommentar

Kommentare sind Zusatzinformationen, Erläuterungen und Bemerkungen die einem besseren Verständnis des Modells dienen. Sie haben keinen Einfluss auf den Prozessfluss. [1 S. 40]

2.8 Gruppe

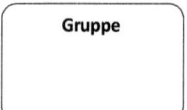

Eine Gruppierung wird für Dokumentations- und Analysezwecke verwendet. Sie beeinflusst den Prozess nicht, sie fasst nur Aktivitäten zusammen, um diese übersichtlich darzustellen (zu gruppieren). [5 S. 3]

3. Tipps zur Prozessmodellierung

3.1. In vier Schritten zum Prozessmodell

Abbildung 8: Der Weg zum Prozessmodell

1. Ziele der Modellierung und die Zielgruppe festlegen
2. Detailierungsgrad der Prozesse festlegen

   Nicht alle Informationen sind für die Auslotung von Optimierungspotenzialen notwendig, dafür aber z. B. für eine Verfahrensanweisung. Der Detailierungsgrad richtet sich nach dem Zweck der Nutzung der Modelle und den Zielgruppen von denen die Darstellung genutzt wird. Dabei spielen die Kosten einer Modellierung auch eine nicht irrelevante Rolle - auch hier muss der Nutzen aus einer höheren Detaillierung gegen die daraus entstehenden Kosten abgewogen werden.
3. Beteiligte identifizieren und die entsprechenden Pools und Swimlanes mit den dazugehörigen Rollen zeichnen
4. Prozessschritte zeichnen

   Hierzu sollten folgende Fragen zuerst beantwortet werden: Bei welchem Prozessbeteiligtem wird der erste Prozessschritt ausgelöst? Durch welches Ereignis wird dieser ausgelöst? Was ist das Ergebnis des Prozesses?

   Danach wird der Prozess mit weiteren Informationen und Schritten gefüllt.

3.2. Prinzipien der Modellierung

Das oberste Ziel einer Prozessdarstellung ist deren Verständlichkeit und einfache Lesbarkeit, daher müssen bei der Aufschreibung von Prozessen gewisse Regeln und Prinzipien beachtet werden, um Missverständnissen vorzubeugen.

- Bereits vor der Modellierung sollten Ziele und der Modellierungszweck bestimmt werden, sowie die Namenskonventionen der Prozessmodelle festgelegt werden.
- Prozesse müssen überschneidungsfrei, eindeutig benannt und sich von anderen Prozessen abgrenzen.
- Prozesse sollen so modelliert werden, dass sie sowohl von Fachverantwortlichen als auch von IT-Experten schnell verstanden werden.
- Strukturiertes Vorgehen von der obersten Metaebene bis zum gewünschten Detailierungsgrad sollte unbedingt eingehalten werden.

- Die Modelle sollten nur die notwendige Komplexität und Anzahl der Elemente beinhalten, die für das Verständnis und den zu erfüllenden Zweck unbedingt notwendig sind. [1 S. 28] Es ist wichtig den erforderlichen Detaillierungsgrad zuvor festzulegen.

- Die Ist-Darstellung der Prozesse soll den realen Sachverhalt darstellen und mit den durch die Prozessakteure ausgeführten Schritten stimmig sein. Erst in der Soll-Modellierung werden Prozessoptimierungen integriert.

3.3. Abschließende Hinweise

Die Unterscheidung zwischen einer Prozessvariante, die in einem Hauptprozess abgearbeitet wird und zwei einzelnen Prozessen muss unbedingt getroffen werden, um eine Flut an Modellen zu vermeiden. Oftmals werden in der Praxis zwei einzelne Prozesse definiert, die aber im eigentlichen Sinne nur Prozessvarianten sind und die in einem Prozess als Varianten definiert werden können. Hier muss eine genaue Analyse und Prüfung stattfinden. Ein gutes Indiz für eine Variante ist die Vielzahl gleicher Verarbeitungsschritte in beiden Prozessen.

Der Vorteil von BPMN ist, dass es nicht nur sehr viele schon festgelegte Elemente in der Notation hat, sondern dass es möglich ist für ein Unternehmen zusätzlich bestimmte Elemente hinzuzufügen, Farben und Größen anzupassen. Dabei können die festgelegten Grundformen jedoch nicht verändert werden. [5 S. 1] Wichtig ist, dass für ein Unternehmen die Konventionen der Nutzung von BPMN Elementen und der Notation von Prozessen festgelegt werden, so dass eine einheitliche Darstellung gesichert ist. Für die Verwendung im Unternehmen ist der gesamte Sprachumfang der Notation nicht notwendig und auch nicht immer sinnvoll. Die gezielte Auswahl der verwendeten Elemente und Festlegung der Modellierungskonventionen sollte durch Modellierungsexperten getroffen werden. [3 S. 15]

Die BPMN Modellierungsmethode ist sehr gut geeignet für die gemeinsame Erarbeitung in Gruppen. Dies kann dann am besten mit Hilfe der Metaplanmethode oder der „Brown Paper"-Methode oder einem Mix aus Beiden, stattfinden.

Auf dem Markt gibt es sehr viele Modellierungstools, die teilweise auch kostenlos im Internet zur Verfügung gestellt werden. Auf diese näher einzugehen würde den Rahmen dieser Arbeit sprengen, da jedes Tool seine Vor- und Nachteile hat, die genau abgewogen werden müssen. Denn mit den einen kann nur modelliert, mit anderen auch simuliert werden und je komplexer die Prozesse eines Unternehmens, desto wichtiger ist es ein entsprechendes Werkzeug zu dessen Modellierung zu benutzen.

Literaturverzeichnis

[1]. **Zimmermann, Irene.** *Modul 8: Prozessmodellierung mit BPMN.* Kissing : WEKA MEDIA GmbH & Co. KG, 2010.

[2]. **IDM Technical Team.** Quick Guide Business Process Modeling Notation (BPMN). [Online] Januar 2007. [Zitat vom: 28. 01 2011.] ftp://ftp.iai.no/pub/idm/Methodology/QuickGuideToBPMN.pdf.

[3]. **Allweyer, Thomas.** *BPMN 2.0. Business Process Model and Notation. Einführung in den Standard für die Geschäftsprozessmodellierung.* 2. Norderstedt : Books on Demand GmbH, 2009.

[4]. **Berliner BPM-Offensive.** BPMN 2.0 - Business Process Model and Notation. [Online] 2010. [Zitat vom: 15. 01 2011.] http://bpmb.de/poster.

[5]. **QPR Software Plc.** QPR ProcessGuide BPMN Modeling Guide. [Online] 7.6.1, 2007. [Zitat vom: 28. 01 2011.] http://www.inst-informatica.pt/servicos/informacao-e-documentacao/biblioteca-digital/gestao-de-si-ti-1/bpm/QPR%20ProcessGuide%20-%20BPMN%20Modeling%20Guide.pdf.

[6]. **Freund, Jakob, Rücker, Bernd und Henninger, Thomas.** *Praxishandbuch BPMN.* München, Wien : Carl Hanser Verlag, 2010.

[7]. **Johannsen, Florian.** *Transformation von Prozessmodellen. Bewertung XML-basierter Ansätze.* [Hrsg.] Gerrit Buchenau und Steffen Rietz. Bremen, Hamburg : Salzwasser-Verlag, 2007.

[8]. **Becker, Jörg, Mathas, Christoph und Winkelmann, Axel.** *Geschäftsprozessmanagement.* Berlin, Heidelberg : Springer Verlag, 2009.